BEI GRIN MACHT SICH IHR WISSEN BEZAHLT

- Wir veröffentlichen Ihre Hausarbeit,
  Bachelor- und Masterarbeit

- Ihr eigenes eBook und Buch -
  weltweit in allen wichtigen Shops

- Verdienen Sie an jedem Verkauf

Jetzt bei www.GRIN.com hochladen
und kostenlos publizieren

Alexandra Schulz

Implizite Vorurteile von Grundschulkindern gegenüber dem Islam

Anwendung des Child-IAT

GRIN Verlag

Bibliografische Information der Deutschen Nationalbibliothek:

Die Deutsche Bibliothek verzeichnet diese Publikation in der Deutschen National-
bibliografie; detaillierte bibliografische Daten sind im Internet über http://dnb.d-
nb.de/ abrufbar.

Impressum:

Copyright © 2011 GRIN Verlag GmbH
Druck und Bindung: Books on Demand GmbH, Norderstedt Germany
ISBN: 978-3-656-44313-1

Dieses Buch bei GRIN:

http://www.grin.com/de/e-book/215277/implizite-vorurteile-von-grundschulkindern-
gegenueber-dem-islam

GRIN - Your knowledge has value

Der GRIN Verlag publiziert seit 1998 wissenschaftliche Arbeiten von Studenten, Hochschullehrern und anderen Akademikern als eBook und gedrucktes Buch. Die Verlagswebsite www.grin.com ist die ideale Plattform zur Veröffentlichung von Hausarbeiten, Abschlussarbeiten, wissenschaftlichen Aufsätzen, Dissertationen und Fachbüchern.

Besuchen Sie uns im Internet:

http://www.grin.com/

http://www.facebook.com/grincom

http://www.twitter.com/grin_com

Albert-Ludwigs-Universität

Institut für Psychologie

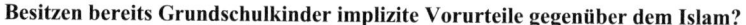

Besitzen bereits Grundschulkinder implizite Vorurteile gegenüber dem Islam?

Und warum islamischer Religionsunterricht in Deutschland
möglichweise kein Pilotprojekt bleiben sollte

Prüfungsleistung im Seminar Lernen und Arbeit

Vorgelegt am Lehrstuhl für Sozialpsychologie und Methodenlehre

Vorgelegt am 3. Juni 2011 von: Alexandra Schulz

Inhaltsverzeichnis

Abbildungsverzeichnis

Tabellenverzeichnis

Abstract 1

Die Erforschung impliziter Vorurteile bei Kindern stellte bisher aufgrund mangelnder impliziter Messverfahren eine große Herausforderung dar. Durch die Modifikation des weit verbreiteten impliziten Assoziationstests (IAT; Greenwald, McGhee & Schwartz, 1998) ist es nun auch möglich unbewusste Einstellungen von Kindern ab dem Alter von 4 Jahren zu untersuchen. Anlass der geplanten Studie ist die zunehmende Entwicklung von Islamophobie und die damit einhergehenden Vorurteile gegenüber Moslems in Deutschland. Deutschland schafft sich also neue Feindbilder - die Moslems und der Islam. In einem Experiment soll untersucht werden, ob bereits auch Kinder im Grundschulalter religionsbezogene, implizite Vorurteile gegenüber dem Islam besitzen und inwiefern, die Etablierung von islamischen Religionsunterricht darauf Einfluss nehmen kann. Es wird erwartet, dass islamischer Religionsunterricht als Möglichkeit der präventiven Aufklärung dazu beiträgt Vorurteilen vorzubeugen und eine bessere Basis für den Austausch zwischen Moslems und Deutschen zu schaffen. Abschließend werden Probleme des Einsatzes impliziter Messverfahren und deren Ergebnisinterpretation diskutiert.

Schlüsselworte

Impliziter Assoziationstest (für Kinder), Vorurteile, Islamophobie

Abstract 2

Einführung

In der Sozialpsychologie werden Vorurteile als ungerechtfertigte, sehr stabile und für gewöhnlich negative Einstellungen gegenüber anderen Personen oder Gruppen, insbesondere Minderheiten verstanden (Samson, 1999; zitiert nach Brown, 2010), die sich auf Merkmale wie die ethnische Herkunft, das Geschlecht oder die Religionszugehörigkeit beziehen können. Als ein funktionaler Aspekt von Abgrenzungsprozessen gegenüber Fremdgruppen (Young-Bruehl, 1996) dienen Vorurteile als Ausgangspunkt für die Entwicklung von Stereotypen, die auf vermuteten Eigenschaften von Menschen aufgrund ihrer Gruppenzugehörigkeit basieren. Vorurteile und Stereotype fördern die Entstehung von Rassismus und sozialer Diskriminierung, worunter Güttler (2003) die negative sowohl auch positive Unterschiede in der Behandlung von Menschen versteht, ohne dass ihre individuellen Eigenschaften und Vorzüge berücksichtigt werden.

Der Besitz von Vorurteilen geht nicht automatisch damit einher sie auch zu äußern. Die psychologische Forschung unterscheidet zwischen expliziten und impliziten Vorurteilen (Aronson, Wilkert & Akert, 2008) wobei letztere, anders als explizite, nicht bewusst zugänglich und kognitiv kontrollierbar sind (Cvencek, Meltzhoff & Greenwald, 2011). Inwieweit implizite Vorurteile das Verhalten von Personen bewusst beeinflussen ist in der Forschung nicht gänzlich geklärt. Hinweise deuten darauf, dass sie besonders in unkontrollierten Erlebniszuständen wie Nervosität Ausdruck finden und somit nicht aufgrund der Einhaltung sozial erwünschter Normen verhindert werden können (Dovidio, Gartner & Kawakami, 2002).

Die wissenschaftliche Vorurteilsforschung der letzten Jahre begründet sich auf die stetige Zunahme der Fremdenfeindlichkeit (Weins, 2000). Ein wichtiger Einwand an dieser Stelle sei, dass die Entwicklung von rassistischen Vorurteilen kein primär deutsches Gesellschaftsproblem darstellt (Weins, 2000). Dennoch sollte gerade Deutschland aufgrund seiner historischen Vergangenheit und den antisemitischen Verbrechen der Nationalsozialisten dieser Thematik besondere Bedeutung beimessen.

An aktueller Brisanz gewinnt die wissenschaftliche Auseinandersetzung dadurch, dass Deutschland sich scheinbar ein neues Feindbild schafft - die Moslems und der Islam. Eine bedeutende Rolle in der Entstehung der scheinbar wachsenden Islamophobie spielen dabei die Terroranschläge des 11. September 2001 und Ehrenmorde (Pollack, 2008). Etliche populistische Bücher mit Anti-Islam Parolen erschienen in den Bestsellerlisten und berichteten über die Gefahr der Enteignung christlicher Werte (Pollack, 2008). Die vorliegende Fragestellung möchte daher überprüfen, ob sich tatsächlich implizite islamophobische Vorurteile in der Gesellschaft nachweisen lassen.

Im Zuge politischer Integrationsbemühungen wird zunehmend versucht eine bessere Basis für den Austausch zwischen Moslems und Deutschen zu schaffen. Ein Ansatz ist die Piloteinführung von islamischen Religionsunterricht an Grundschulen, mit dem Fokus der Aufklärung und Abgrenzung des Islams vom Islamismus, um somit den Ängsten der Bevölkerung präventiv zu entgegnen. An diesem Punkt möchte das vorliegende Untersuchungsvorhaben anknüpfen und die bisherige, ausschließlich erwachsenorientierte Vorurteilsforschung damit erweitern implizite Vorurteile bei Kindern näher zu betrachten. Es gibt Hinweise dafür, dass implizite Einstellungen hinsichtlich der Merkmale Geschlecht und ethnischer Identität bereits bei Kindern ab dem 4. Lebensjahr feststellbar sind (Cvencek et al., 2010, 2011; Dunham, Baron & Banaji, 2007). Daher ist davon auszugehen, dass beim Vorliegen kollektiver Vorurteile gegenüber dem Islam, auch Kinder Denkweisen zu diesem Thema übernehmen und entwickeln.

Hypothesen und Zielsetzung

Bis heute wurde in der sozialpsychologischen Forschung keine Studie an Grundschulkindern durchgeführt, in der mithilfe eines impliziten Messverfahrens die Ausprägung religiöser Vorurteile untersucht wird. Die vorliegende Studie möchte die Schlussfolgerungen der genannten Analysen experimentell validieren und die Hypothese überprüfen, dass bereits Grundschulkinder implizite Vorurteile gegenüber dem Islam besitzen. Zudem weisen aktuelle Befunde auf die Möglichkeit hin, dass Vorurteile durch die Erhöhung gemeinsamer Interaktionen von Eigen- und Fremdgruppe (Oskamp, 2000) reduziert werden können. Daher testen wir in der Analyse, ob sich islamischer Religionsunterricht als soziale Interaktionsplattform zwischen Deutschen und Moslems positiv, im Sinne von abträglich auf die Entwicklung impliziter Vorurteile bei Grundschulkindern im Vergleich zu Kindern ohne islamischen Religionsunterricht auswirkt. Da sich implizite Vorurteile aufgrund der fehlenden bewussten Zugänglichkeit im Vergleich zu expliziten, nicht durch Messinstrumente wie Fragebögen erfassen lassen, wird zur Hypothesenprüfung der implizite Assoziationstest für Kinder (Child-IAT; Cvencek et. al, 2011) verwendet. Dieses Paradigma basiert auf dem IAT für Erwachsene (Greenwald et al., 1998) und wurde bereits mehrmals validiert (Rutland, Cameron, Milne & McGeorge, 2005; Dunham et al., 2007). Modifikationen wurden insofern vorgenommen, dass die Trialanzahl innerhalb der IAT-Blockstruktur verringert wurde, um Ermüdungseffekten bei den Kindern vorzubeugen.

Der manipulierte Faktor ist das Vorhandensein oder Fehlen von islamischen Religionsunterricht. Eine Hälfte der Stichprobe besucht den Religionsunterricht, die anderen Kinder erhalten zum Ausgleich Sportunterricht. Bei letzterem wird angenommen, dass die Entwicklung impliziter Religionsvorurteile unbeeinflusst bleibt.

Methode

Die zu untersuchende geschlechtsheterogene Stichprobe von Kindern soll aus einer deutschen Grundschule rekrutiert werden, in welcher die Einführung von fakultativem, islamischen Religionsunterricht bereits stattgefunden hat. Voraussetzung ist, dass kein weiterer Religionsunterricht an der Schule angeboten wird. Die Ausschlusskriterien werden vor Beginn der Studie durch Kontaktaufnahme zu den Eltern der Kinder kontrolliert. An der Studie nehmen lediglich gesunde Kinder teil (gemäß der Aussage der Eltern) die einer christlichen Konfession angehören. Vor erstmaligem Beginn des islamischen Religionsunterrichts werden die Kinder randomisiert einer der beiden Untersuchungsbedingungen zugeordnet (SPO = Sportunterricht oder REL = Religionsunterricht).

Versuchsablauf

Die implizite Vorurteilsmessung wird zweimalig individuell (vor Beginn des Religionsunterrichts = Zeit 1 und nach einem Zeitintervall von einem Jahr = Zeit 2) durchgeführt. Jede Testung beginnt mit einer Einleitungsphase in der sich die Kinder mit der Testapparatur vertraut machen können. Die Kinder werden informiert, dass sie ein Computerspiel spielen werden, indem sie Worte hören und sehen. Anschließend sollen sie einen Knopf drücken um zu sagen, um welches Wort es sich handelt.

Impliziter Assoziationstest für Kinder

Das Verfahren beruht auf einer computergestützten Diskriminationsaufgabe, bei der die Stimuli zweier Dimensionen so schnell wie möglich kategorisiert werden sollen (Gawronski & Conrey, 2004). Zudem wird eine evaluative Entscheidungsaufgabe vorgegeben, in welcher positive und negative Stimuli den Kategorien zugeordnet werden müssen. Ziel des Verfahrens ist demnach die Messung der Assoziationsstärke zwischen zwei Konzepten (Islam, Christentum) und deren Attribute (negativ, positiv).

Zunächst üben die Kinder das Zuordnen der Stimuli für die Kategorien Islam und Christen (12 Trials), anschließend folgt ein weiterer Übungsblock in denen ausschließlich die Stimuli für negativ und positiv kategorisiert werden (16 Trials). Darauf folgen zwei Durchgänge in denen die Stimuli zweier Kategorien (Islam-negativ und Christen positiv) kombiniert werden (24 Trials). Der IAT für Kinder endet mit zwei weiteren Blöcken in denen die Stimuli-kombinationen umgekehrt werden (Islam-positiv und Christen-negativ; 24 Trials).

Der IAT-Wert wird durch den Vergleich der Reaktionszeiten in den Kombinationsblöcken ermittelt, welche die Kinder innerhalb der zwei Instruktionsbedingungen (Vorurteil-Kongruent und Vorurteil-Inkongruent) benötigen, um die variierenden Stimuli den vier Kategorien auf den zwei Antwortknöpfen (linke und rechte Hand) zuzuordnen. Abbildung 1 stellt die Instruktionsbedingungen bildlich dar.

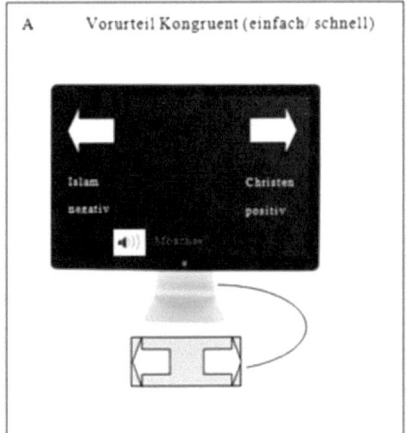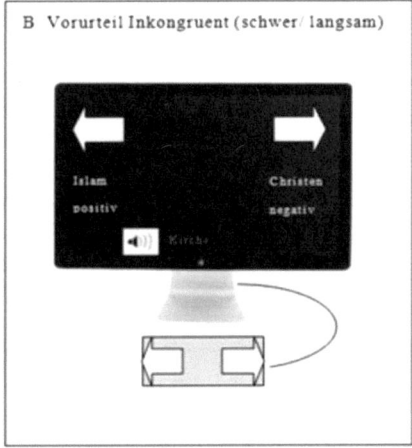

Abbildung 1. Im Kinder-IAT erscheinen die Stimuli aus vier Kategorien nacheinander und werden zusätzlich über einen Lautsprecher kommuniziert, die Kinder antworten durch Druck auf den Antwortknopf. In A teilen die Stimuli für Islam und negativ einen Antwortknopf und Christen und positiv den anderen (Vorurteil-kongruent). Bei der Aufgabe B wird Islam mit positiv verbunden und Christen mit negativ (Vorurteil-Inkongruent).
Bemerkung. Kinder mit impliziten Vorurteilen gegenüber dem Islam (Islam = negativ) sollten signifikant schneller bei Aufgabe A als bei Aufgabe B antworten.

Das Verfahrens eignet sich besonders zur reliablen Erfassung von Vorurteilen, da die bewusste, kontrollierte und sozial erwünschte Antwortgabe verhindert wird (Nosek, Greenwald, & Banaji, 2007). Darüber ist der Einsatz eines impliziten Messverfahrens hinsichtlich der Untersuchung impliziter Vorurteile bei Kindern unabdinglich, da diese im Grundschulalter noch nicht über eine ausgereifte Fähigkeit zur Introspektion verfügen und ihnen spontane Aspekte sozialer Kognitionsprozesse nicht bewusst zugänglich sind (Cvencek et al., 2011). Es wäre daher fraglich, ob Kinder bei direkter Befragung tatsächlich valide Aussagen zu ihren impliziten Vorurteilen tätigen könnten.

Stimuli.

Die ausschließlich als Worte präsentierten Stimuli, wurden hinsichtlich ihrer Repräsentativität für die Kategorien, vor der Verwendung mithilfe einer Validierungsstudie ausgewählt (12 von 24).

Tabelle 1. *Verwendete Stimuliitems*

Christentum	Priester, Bibel, Kirche,
Islam	Hodscha, Koran, Moschee
positiv	wundervoll, super, exellent, gut
negativ	schrecklich, entsetzlich, schlimm, grauenhaft

Erwartete Ergebnisse

Es wird erwartet, dass alle Grundschulkinder zum Messzeitpunkt 1 signifikant höhere Präferenzen für Islam-negativ Assoziationen im Vergleich zu Christentum-positiv aufweisen und somit durchschnittlich schneller reagieren wenn Islam in Verbindung mit negativen Adjektiven erscheint.

Zum Messzeitpunkt 2 wird erwartet, dass sich die Präferenzen für Islam-negativ Assoziationen in der SPO-Gruppe unverändert signifikant zeigen, jedoch in der REL-Gruppe nicht mehr auftreten. In der REL-Gruppe wird ein signifikanter Unterschied zwischen den Messzeitpunkten 1 und 2 vermutet. Es wird angenommen, dass Jungen und Mädchen keine Unterschiede in den Effekten aufweisen.

Diskussion

Viele Studien sprechen für die Validität und Reliabilität des IAT als Messinstrument (Teige-Mocigemba, Klauer & Sherman, 2010), jedoch muss einschränkend erwähnt werden, dass die zugrundeliegenden psychologischen Prozesse bisher als nicht ausreichend erforscht gelten, der Test in seiner Bearbeitung durch bewusste Aufmerksamkeit verfälschbar ist (erkennbar an hohen Fehlerraten) (Gawronski & Conrey, 2004) und es zunehmend Hinweise darauf gibt, dass IAT-Effekte auch von nicht-assoziativen Prozessen beeinflusst werden. Die Interpretation von signifikanten IAT-Effekten in der vorliegenden Studie als absolute Vorurteile sollten daher vermieden werden und eher als eine Präferenz verstanden werden, die relativ zu einem anderen assoziativen Zielkonzept automatisch aktiviert wird wenn kontrollierte Prozesse fehlen.

Systematische Varianz in den IAT-Effekten lassen sich unter anderem durch den Einfluss kognitiver Fähigkeiten erklären wie sie von Klauer, Schmitz, Teige-Mocigemba und Voss (2010) gezeigt werden konnten. Demnach zeigen Personen mit hohen Aufgabenwechselfähigkeiten zwischen den verschiedenen Aufgabensets eher geringe IAT-Effekte. Von Stülpnagel und Steffens (2010) konnten hingegen Belege dafür finden, dass Menschen mit höheren Intelligenzwerten eher größere IAT-Effekt aufweisen. Auch weil die IAT-Effekte durch das Stimulusmaterial beeinflusst werden erscheint eine absolute Interpretation der Ergebnisse als unzulässig (Gawronski & Conrey, 2004).

Literaturverzeichnis

Aronson, E., Wilson, T.D. & Akert, R.M. (2008). Sozialpsychologie. Pearson Education Deutschland GmbH.

Brown, R. (2010). *Prejudice*. SPi Malaysia: Publisher Services.

Cvencek, D., Greenwald, A., Meltzhoff, A.N. (2010) Measuring implicit attitudes of 4-year-old-children: The Preschool Implicit Association Test. *Journal of Experimental Child Psychology*.

Cvencek, D., Meltzhoff, A.N. & Greenwald, A. (2011) Math-Gender Stereotypes in Elementary School Children. *Child Development, 82 (3)*, 766-779.

Dovidio, J.F., Kawakami, K. & Gaertner, S.L. (2002). Implicit and explicit prejudice and interracial interaction. *Journal of Personality and Social Psychology*, 82, 62-68.

Dunham, Y., Baron, A. S., & Banaji, M. R. (2006). From American city to Japanese village: A cross-cultural investigation of implicit race attitudes. Child Development, 77, 1268 – 1281.

Dunham, Y., Baron, A. S., & Banaji, M. R. (2007). Children and social groups: A developmental analysis of implicit consistency in Hispanic Americans. Self and Identity, 6, 238–255.

Gawronski, B. & Conrey, F.R. (2004) Der Implizite Assoziationstest als Maß automatisch aktivierter Assoziationen: Reichweite und Grenzen. *Psychologische Rundschau, 55 (3)*, 118- 126.

Greenwald, A. G., McGhee, D. E., & Schwartz, J. K. L. (1998). Measuring individual differences in implicit cognition: The implicit association test. Journal of Personality and Social Psychology, 74, 1464-1480.

Güttler, B. (2003). *Sozialpsychologie.* Oldenbourg: Wissenschaftsverlag GmbH.

Klauer, K. C., Schmitz, F., Teige-Mocigemba, S. & Voss, A. (2010). Understanding the role of executive control in the Implicit Association Test: Why flexible people have small IAT effects. *Quarterly Journal of Experimental Psychology, 63,* 595-615.

Nosek, B. A., Smyth, F. L., Sriram, N., Lindner, N. M., Devos, T., Ayala, A., et al. (2009). National differences in gender-science stereotypes predict national sex differences in science and math achievement. *Proceedings of the National Academy of Sciences, USA, 106,* 10593 - 10597.

Oskamp, S. (2000). *Reducing Prejudice and Discrimination.* New Jersey: Lawrence Erlbaum Associates, Inc.

Pollak, A. (2008). Antisemitismus. In J. Bunz & A. Senfft (Hrsg.) *Zwischen Antisemitismus und Islamophobie.* Wien.

Rutland, A., Cameron, L., Milne, A., & McGeorge, P. (2005). Social norms and self-presentation: Children's implicit and explicit intergroup attitudes. Child Development,

Teige-Mocigemba, S., Klauer, K. C. & Sherman, J. W. (2010). Practical guide to Implicit Association Test and related tasks. In B. Gawronski & B. K. Payne (Eds.), *Handbook of Implicit Social Cognition: Measurement, Theory, and Applications* (S. 117-139). New York: Guilford Press.

Von Stülpnagel, R. & Steffens, M. C. (2010). Prejudiced or just smart? Intelligence as a con founding factor in the IAT effect. *Journal of Psychology, 218 (1)*, 51-53.

Weins, C. (2000). *Fremdenfeindliche Vorurteile in den Staaten der EU.* Trier: VS Verlag für Sozialwissenschaften.

Young-Bruehl, E. (1996). *The Anatomy of Prejudices.* First Harvard University Press.